AF227096

ÉTUDE

SUR LES OPÉRATIONS MILITAIRES

DES 15, 16, 17 & 18 JUIN

PENDANT LES CENT JOURS

Nancy, imprimerie de v° Raybois, rue du faub. Stanislas, 5.

ÉTUDE

SUR LES

OPÉRATIONS MILITAIRES

DES 15, 16, 17 & 18 JUIN

PENDANT LES CENT JOURS

PAR

AMÉDÉE GASQUIN

Licencié ès lettres
Inspecteur de l'Instruction primaire à Nancy

NANCY

Librairie de N. GROSJEAN

Place Stanislas, 7

1866

En imprimant cette conférence qui a été faite dans l'Académie de Nancy, je cède aux instances de quelques amis peut-être trop indulgents. Je ne croyais pas que ce travail, qui n'est que le résumé de lectures attentives sur une question intéressante et longtemps débattue, méritât les honneurs de la publicité. On a pensé qu'il pouvait servir à éclairer un problème resté obscur dans l'esprit de beaucoup de personnes; on m'a fait comprendre que les œuvres de MM. Charras, Edgar Quinet, Thiers, etc., ne se trouvaient pas entre les mains de tout le monde, et qu'il serait utile de comparer entre eux ces écrivains pour apprécier les jugements qu'ils portent sur une campagne tant controversée depuis un demi-siècle.

Ces raisons m'ont déterminé et je livre aujourd'hui cette brochure au public. Puisse-t-il l'accueillir avec autant de bienveillance que j'ai mis de bonne foi et d'amour de la vérité à l'écrire!

A. G.

ÉTUDE

SUR LES OPÉRATIONS MILITAIRES

DES 15, 16, 17 ET 18 JUIN

PENDANT LES CENT JOURS

———

Je me propose d'étudier une page d'histoire presque contemporaine, la question des Cent-Jours, et, dans cette question, plus spécialement cette courte et mémorable campagne de quatre journées qui a si douloureusement fini à Waterloo. Non pas que je veuille refaire le récit des événements et raconter toutes les péripéties du drame. Ce travail a été fait ; d'illustres écrivains y ont consacré toutes les ressources de leur talent. Peu d'époques aussi bien méritaient de solliciter à tant de titres l'attention des historiens ; dans celle-ci tout est grave et solennel : c'est l'Europe coalisée qui pour la seconde fois se dispose à violer nos frontières ; ce sont les défaites et les humiliations qu'elle a subies pendant quinze ans qui l'exaltent et la poussent « à un duel à mort » (1) avec la France ; c'est le plus grand capitaine des temps modernes et peut-être de tous les temps qui, après une série inouïe de triomphes, après avoir longtemps disposé de presque tous les trônes de l'Europe, en est réduit à engager une lutte suprême pour la conservation du trône de France.

Mais, si cette étude offre un intérêt immense, elle présente de sérieuses difficultés, parce que les événements ne tardent pas à revêtir un caractère légendaire. L'imagination des peuples a été en effet profondément remuée par cette lutte gigantesque ; depuis longtemps elle n'a pas vu un tel déploiement de forces ; si haut qu'elle remonte, elle a peine à retrouver autant de courage et d'héroïsme ; aussi elle fera sur Waterloo des chansons populaires ; elle pleurera sur les malheurs du grand homme vaincu par la fatalité ; elle redira les noms immortels des généraux qui ont combattu dans cette journée néfaste ; Cambronne, Wellington, Ney nous apparaîtront en quelque sorte divinisés par elle. Et, lorsque l'historien voudra, laissant de côté la légende, retrouver la vérité, assigner à chacun son rôle, et répartir justement l'éloge ou le blâme, il faudra qu'il se dépouille des souvenirs qu'aura

(1) M. Thiers.

laissés dans son esprit le récit populaire des faits qu'il se propose d'apprécier. A cette première difficulté, s'en ajoutera une seconde qui tient à la quantité même des relations écrites par des hommes qui ont eu une action sur la marche des événements ; car, si leur influence a amené de funestes résultats; si, comme Grouchy, pour n'avoir pas bien compris leurs instructions, ils ont causé un grand malheur, il est évident qu'ils chercheront à se dégager d'une lourde et importune responsabilité. Que fera l'historien en présence de ces témoignages divers et contradictoires? Qui croira-t-il? Comment résoudra-t-il le problème de savoir si le génie militaire de Napoléon a baissé pendant les Cent-Jours, si Grouchy, le 17 et le 18 juin, a été frappé d'une véritable « cécité d'esprit », (1) si Ney a eu le tort de ne pas attaquer aux Quatre-Bras, comme il en avait reçu l'ordre ?

Parmi les écrivains qui de nos jours se sont particulièrement occupés de l'époque des Cent-Jours : il faut citer le colonel Charras, M. Edgard Quinet et M. Thiers. Le premier fait retomber tout l'insuccès de la campagne sur Napoléon lui-même et il justifie de tout blâme la mémoire des maréchaux Ney et Grouchy ; l'ouvrage qu'il a écrit est savant,

(1) M. Thiers.

plein de renseignements stratégiques, mais dominé par des préventions hostiles à Napoléon. Le travail de M. Quinet est conçu dans le même esprit ; il essaye de démontrer aussi que la marche générale des opérations a été lente, indécise et que les ordres n'ont été d'ordinaire ni précis, ni expédiés avec soin et à propos. M. Thiers, quand il a écrit le vingtième et dernier volume de son histoire, connaissait sans nul doute les deux ouvrages précédents ; car il discute avec une grande autorité les assertions qu'ils renferment ; il reconnaît que le maréchal Soult, nouveau dans ses fonctions de major général, a mis souvent peu de clarté et de rapidité dans l'expédition des ordres qu'il était chargé de transmettre ; mais il arrive néanmoins à conclure que l'activité de Napoléon est restée la même, que son génie militaire n'a pas baissé et qu'il faut laisser aux maréchaux Ney et Grouchy une part de responsabilité dans les malheurs de l'expédition.

A qui s'en fier de ces trois historiens ? lequel a raison ? lequel est dans l'erreur ? Je n'ai ni assez de connaissances stratégiques ni assez de science historique pour trancher le débat ; ce que je puis faire, c'est discuter avec bonne foi et sincérité les témoignages apportés par chacun de ces écrivains ; je les comparerai donc entre eux et j'inclinerai naturellement vers l'opinion de celui qui aura fourni des preuves, appuyées sur des documents écrits, sur la vraisemblance ou tirées de conversations avec quelques-uns des généraux qui ont fait la campagne.

J'ai à peine besoin d'ajouter que cette étude n'a aucun caractère politique et que si je suis obligé de laisser peser un blâme sur quelques-uns des acteurs de ce grand drame, je le ferai avec le respect et la déférence que l'on doit à des noms illustrés d'ailleurs par tant d'exploits glorieux.

Trois hommes ont été particulièrement attaqués à propos de cette campagne : l'empereur Napoléon, les maréchaux Ney et Grouchy. A Napoléon, on ne reproche pas tel ou tel fait isolé ; les observations portent sur toutes les opérations militaires accomplies les 15, 16, 17 et 18 juin. J'examinerai ces observations au fur et à mesure des événements. A Ney, la faute grave qu'on lui impute, c'est de n'avoir pas conquis à temps la position des Quatre-Bras ; quant à Grouchy, on le rend responsable du désastre de Waterloo.

Entrons dans quelques détails sur les événements. Et d'abord de quelles forces disposait Napoléon à l'ouverture de la campagne ? Cette question a son importance, parce qu'on a trop répété et que l'on croit encore trop généralement aujourd'hui que la France épuisée par 20 ans de lutte, n'était plus capable de mettre une armée sur le pied de guerre. Evidemment ses ressources avaient beaucoup diminué; cependant il lui en restait encore. Voici des chiffres que je ne crois nullement exagérés, et que j'ai contrôlés en les empruntant aux meilleures sources.

En rentrant à Paris, Napoléon avait trouvé un effectif de 180,000 hommes ; il avait sur-le-champ rappelé 50,000 soldats en congé de semestre, puis les anciens militaires au nombre de 70,000 ; ce qui avait élevé l'effectif à 300,000 hommes. En déduisant de ce chiffre les soldats destinés à former le dépôt des régiments, à pacifier la Vendée et à garder nos frontières de l'Est, du Midi et de l'Ouest, il restait 124,000 hommes disponibles. Ce nombre allait s'augmenter de la conscription de 1815 qui, en quelques mois, pouvait donner 112,000 hommes. Ainsi le 15 juin Napoléon avait 300,000 hommes dont 124,000 prêts à marcher en une seule masse dans une direction déterminée; et en deux mois, trois au plus, il en avait 400,000, sans compter 200,000 gardes nationaux mobilisés dont un certain nombre avaient déjà servi. C'était peu sans doute pour résis-

ter à l'Europe entière ; cependant, entre les mains
d'un capitaine comme Napoléon, ces ressources bien
employées et ménagées avec soin pouvaient changer
la face des choses et nous valoir une paix, non pas
glorieuse, mais honorable, sur les bases du traité de
Paris, comme nous la demandions.

C'est donc avec 124,000 hommes que l'Empereur
ouvre les hostilités ; dès le début, il trompe la vigi-
lance de l'ennemi, et réussit, sans éveiller son attention, à transporter toutes ses troupes derrière la
Sambre, à quelques lieux des cantonnements de
l'armée prussienne ; dans la matinée du 15 juin, il
se jette brusquement sur Charleroy dont il s'empare,
et il commence à se placer entre les Anglais et les
Prussiens et à rendre leur séparation définitive.

Ce premier succès est de bon augure ; mais combien il eût été plus grand, si le général Bourmont
n'avait pas trahi ! Sans cette odieuse défection, nul
ne peut dire ce qui serait advenu des différents corps
de Blücher surpris, disséminés et isolés les uns des
autres...... Cependant Napoléon peut être satisfait
des résultats de la journée du 15, puisque il a réussi
à se glisser entre les deux armées ennemies. Dans
celle du 16, il s'attachera aux Prussiens, il les suivra l'épée dans les reins et s'ils ont l'audace de l'at-
tendre, comme il l'espère, il leur fera subir quelque

sanglant échec. Mais il importe aussi de surveiller les Anglais, de gêner leur concentration et surtout de les empêcher de se réunir aux Prussiens. C'est Ney qui sera chargé de ce soin. L'Empereur vient de le rencontrer, au moment où il arrivait de Paris. Il l'accueille avec joie et lui confie l'aile gauche de son armée.

Les écrivains que j'ai cités sont d'accord sur ce point; mais ils diffèrent quant aux instructions données à Ney. C'est ici le lieu d'examiner si Ney a reçu, dès le 15 au soir, l'ordre de s'emparer des Quatre-Bras. Qu'est-ce d'abord que cette position des Quatre-Bras, objet de tant de discussions depuis bientôt un demi-siècle? « Ce n'est point un village, dit M. Edgard Quinet, mais un groupe de quelques fermes aux quatre embranchements des routes sur Charleroi, Nivelles, Bruxelles, et Namur. La position de ce champ de bataille n'a par elle-même aucune force particulière; mais la rencontre des routes lui donne une grande importance stratégique; c'est le point où peut se rencontrer l'armée anglaise; c'est aussi sa ligne de communication avec l'armée prussienne. »

Au delà des Quatre-Bras, sur la grande chaussée de Charleroi à Bruxelles se trouvent le plateau de mont Saint-Jean, si tristement célèbre, puis le petit

village de Waterloo, à jamais marqué d'une auréole
funèbre ; enfin la forêt de Soignes et Bruxelles. Les
Quatre-Bras sont coupés transversalement par une
autre chaussée qui va de Nivelles à Namur et qui
sert de ligne de communication aux Anglais et aux
Prussiens. A droite des Quatre-Bras, on aperçoit
Ligny, bientôt le théâtre d'une grande bataille, plus
loin Sombreffe, sur la route de Nivelles à Namur,
plus loin encore, en tirant vers le Nord, Gembloux,
sur la route de Vavres. Cette route de Gembloux à
Vavres sera sans doute la seconde ligne sur laquelle
opèreront les Prussiens, s'ils viennent à perdre celle
qui passe aux Quatre-Bras.

La possession de ce dernier poste a donc une extrême importance, puisque c'est tout à la fois le
point par lequel l'armée anglaise peut se relier aux
Prussiens, et celui par lequel elle peut opérer sa
propre concentration.

Ney, le 15 juin, à quatre heures et demie du soir,
en quittant Napoléon, a-t-il reçu l'ordre de s'en
emparer ?

M. Quinet prétend, d'après l'opinion du colonel
Heymès, aide-de-camp du maréchal, que Napoléon
dit ces seuls mots : « Allez et poussez l'ennemi »,
sans même prononcer le nom des Quatre-Bras qui
n'aurait été indiqué pour la première fois que

le lendemain 16, dans une dépêche émanant du major général et remise à Ney vers onze heures et demie du matin.

M. Thiers, au contraire, rapporte la conversation suivante, qui aurait eu lieu entre Napoléon et Ney, le 15, à 4 h. 1/2 du soir : « Connaissez-vous les Quatre-Bras? dit Napoléon au maréchal. — Comment ne les connaîtrais-je pas? répondit Ney; j'ai fait la guerre ici dans ma jeunesse, et je me souviens que c'est le nœud de tous les chemins. — Partez donc, répliqua Napoléon, et emparez-vous de ce poste par lequel les Anglais peuvent se rejoindre aux Prussiens. Eclairez-vous par un détachement vers Fleurus. » Il est vrai que cette conversation a été contestée et qu'on a prétendu qu'elle avait été inventée après coup par Napoléon pour faire retomber sur une grande victime tout l'insuccès de la campagne. Comment douter cependant qu'elle ait existé, lorsque le maréchal Soult, qui seul comme major-général avait tout su, a dit souvent pendant sa vie, qu'il avait entendu Napoléon prescrire au maréchal Ney de se porter aux Quatre-Bras? C'est aussi, d'après le maréchal Soult, que le général Berthezène commandant une des divisions du corps de Vandamne, raconte dans ses mémoires que Napoléon, dans l'après-midi du 15, recommanda vivement, au maréchal Ney, l'occupation bien précisée des Quatre-Bras (1).

Je crois donc, d'après le témoignage de Napoléon confirmé par celui du maréchal Soult, que l'ordre d'occuper les Quatre-Bras a été réellement donné le 15 au soir. Examinons maintenant s'il pouvait ne pas être donné.

Napoléon, dès le début de la campagne, se proposant de se placer entre les Anglais et les Prussiens pour les battre séparément, il y avait deux points qu'il lui importait fort d'occuper, Sombreffe et les Quatre-Bras. « A Sombreffe, il arrêtait les Prussiens ; aux Quatre-Bras, les Anglais. Aux Quatre-Bras il obtenait un autre résultat » (2) : il empêchait la portion de l'armée britannique campée à gauche, entre Ath et Nivelles, de se réunir à celle qui, formant la réserve à Bruxelles, allait se diriger à marches forcées sur les Quatre-Bras. Ainsi ce dernier point avait une importance capitale. Dire par conséquent que Napoléon, songeant à s'emparer de Sombreffe pour empêcher les Prussiens de se réunir aux Anglais, ne pensait pas à se rendre maître des Quatre-Bras, pour empêcher les Anglais de se joindre aux Prussiens, c'est dire que Napoléon n'avait vu qu'un

(1) M. Thiers.
(2) M. Thiers.

côté de la situation ; que lui, qui a étudié la carte comme jamais chef d'armée ne l'a fait, n'avait pas regardé celle de Belgique ; c'est prouver que cette entrée en campagne, qui n'a trouvé partout que des éloges, que le point de Charleroy, si admirablement choisi pour se placer entre les armées ennemies, étaient des avantages conquis par le seul hasard ; c'est déclarer enfin, que tandis qu'il songeait à combattre les Prussiens, il voulait leur laisser la possibilité de tendre la main aux Anglais pour se faire accabler par des forces supérieures. Eh quoi? tandis que Wellington ne songeait qu'aux Quatre-Bras, que ses lieutenants s'y portaient en toute hâte, d'eux-mêmes, sans en avoir reçu l'ordre, Napoléon seul ne les aurait pas connus, n'en aurait pas soupçonné l'importance! Et il aurait confié, dès le 15 au soir, à Ney, au bouillant Ney, 45,000 hommes, c'est-à-dire les 2/5 de son armée, sans but bien déterminé, en lui donnant cet ordre vague, indécis : « Allez, marchez en avant! » Vraiment, c'est admettre trop d'ignorance et d'ineptie chez un homme de guerre aussi consommé.

Ainsi, l'ordre d'occuper les Quatre-Bras a été donné et ne pouvait pas ne pas être donné. Ainsi, en passant la Sambre, Napoléon savait quels points de la ligne de communication des Anglais et des

Prussiens il devait occuper pour les séparer les uns
les autres, pour les rejeter, les premiers à gauche,
es seconds à droite, et se donner le temps de les
battre séparément.

Pourquoi Ney si brave, si résolu, qui dans ces
tristes journées donna des preuves d'un si héroïque
courage, n'obéit-il pas à l'ordre précis qu'il avait
reçu et qui lui fut renouvelé dans la nuit du 15 au
16? Car on sait qu'à minuit Ney vint trouver Napoléon à Charleroy, pour lui rendre compte de ce qu'il
avait fait. Pendant qu'il partage le frugal souper de
l'Empereur, il entend de nouveau tout l'exposé du
plan de campagne et peut se mieux pénétrer des
intentions du général en chef. Comment, après cette
conversation nocturne, expliquer ses hésitations, ses
incertitudes? On a dit, pour excuser Ney, que la
marche sur les Quatre-Bras, et la marche sur Sombreffe devaient être simultanées et qu'à exécuter
l'une sans l'autre, c'était exposer le maréchal à être
accablé par les forces réunies des Anglais et des
Prussiens. Cet argument aurait de la valeur, si
Napoléon n'avait su, à n'en pouvoir douter, que les
Anglais ne pouvaient, ni le 15 au soir, ni le 16 dans
la matinée, avoir rallié toutes leurs forces aux
Quatre-Bras.

Est-il possible, en effet, d'admettre cette concen-

tration rapide des Anglais, campés à 14 lieues de
Charleroy, quand les Prussiens, dont le quartier
général n'était qu'à 8 lieues, n'eurent en ligne, le 16
dans l'après-midi, que les deux tiers de leurs forces ?
Il aurait fallu pour cela qu'ils fussent informés, dès le
13 juin au moins, des intentions de l'armée française et, bien qu'il y eût des traîtres, ils ne les con-
nurent pas, comme le prouva bien la surprise où ils
furent du passage de la Sambre. Si donc Ney, le 15,
à 6 ou 7 heures du soir, avait lancé contre les Quatre-
Bras les 4,500 hommes de cavalerie dont il disposait, en les faisant soutenir, s'il était nécessaire, par
l'infanterie qu'il avait sous la main, il aurait facilement dispersé le rideau de troupes qui, pour simuler
un grand corps d'armée, s'était audacieusement
déployé en avant de cette position, et il aurait conquis cet embranchement qui était de la dernière importance pour la journée du 16 et pour le succès
complet du reste de la campagne. Hélas ! il ne le fit
pas ; craignant d'avoir toute l'armée anglaise devant
lui, et d'être pris à revers par les Prussiens, dont il
entendait le canon sur sa droite, il s'arrêta devant la
route ouverte des Quatre-Bras, c'est-à-dire, comme
l'a écrit éloquemment M. Thiers, « devant la fortune
de la France qui était là et qu'il eût, en étendant la
main, infailliblement saisie ! » Il attaqua plus tard

sans doute, mais il n'était plus temps. Pour avoir trop attendu, il trouva devant lui des forces égales d'abord, puis bientôt doubles des siennes. Et il ne put que les empêcher d'aller secourir les Prussiens qui se battaient en désespérés dans les champs de Ligny.

Napoléon a été très-vivement attaqué à propos de cette bataille de Ligny. On s'est demandé pourquoi, à 10 heures du matin, après avoir reconnu la position de l'armée ennemie, qui, suivant son expression, était prise *en flagrant délit*, il n'avait pas commencé sur le champ la lutte. Pourquoi ? c'est que le 15 au soir, près de 25,000 hommes et le grand parc d'artillerie n'avaient pas encore traversé la Sambre, qu'il fallait près de trois heures pour opérer ce passage à travers les rues étroites de Charleroy et trois autres heures pour amener ces troupes sur le terrain qui devait servir de champ de bataille. Aurait-on voulu que Napoléon, qui avait donné déjà 45,000 hommes à Ney, attaquât 80,000 Prussiens avec moins de 50,000 Français ? C'est que encore dans la pensée de Napoléon, l'action de Ligny était subordonnée à celle des Quatre-Bras, et qu'avant de se jeter sur les Prussiens, il voulait être assuré que Ney avait empêché le ralliement des forces anglaises et

conquis la chaussée par laquelle Wellington pouv
venir en aide à Blücher. Enfin Napoléon ayant d
mandé à Ney par une heureuse inspiration de gén
de lui envoyer 20,000 hommes qui prendront à d
les Prussiens, tandis que lui-même les attaquera
face, pour que Ney puisse faire ce détachement,
faut qu'il en ait fini avec l'armée britannique.
sont là les raisons qui ont déterminé le chef
l'armée à retarder l'attaque jusque 2 h. 1/2. Et, s'
s'y décide sans avoir entendu le canon de Ney, c'e
mécontent, malgré lui et gravement préoccupé d
savoir ce que fait sa gauche et comment explique
son inaction.

Il n'y a donc pas eu de temps perdu dans la ma
tinée du 16, puisqu'elle a laissé à 25,000 homme
campés derrière la Sambre le temps de franchi
cette rivière, pour venir se mettre en ligne, et
Napoléon, celui de recueillir sur la distribution de
forces ennemies des renseignements qui ont fortifi
ses propres conjectures et lui ont permis d'agir
coup sûr. S'il tarde à attaquer d'ailleurs, ce n'es
pas qu'il soit incertain de ce qu'il doit faire ; le plar
de la bataille est arrêté dès dix heures du matin dans
son esprit ; et, dans la disposition de ses troupes,
dans les moyens auxquels il s'arrête pour vaincre, il
a été aussi grand général qu'à aucune autre époque
de sa vie.

Ainsi les reproches qu'on lui adresse sur l'emploi du temps, pendant la matinée du 16, ne sont pas mérités.

Sont-ils plus justes en ce qui concerne le corps de d'Erlon qui, durant toute la journée du 16, a oscillé entre les deux champs de bataille de Ligny et des Quatre-Bras, à peine distants de cinq lieues l'un de l'autre, sans avoir été nulle part d'aucune utilité ?

Est-il vrai que d'Erlon n'ait pas reçu de Napoléon l'ordre de prendre les Prussiens à revers ; et, lorsque à cinq heures du soir, il apparaît sur leur extrême droite, s'y trouve-t-il par le seul effet du hasard ?

C'est dans les premières heures de la journée du 16, que Napoléon imagine de faire contribuer une partie des forces de Ney au succès de la bataille ; aussitôt il l'envoie dire au maréchal par M. de Flahault ; il lui renouvelle ses intentions par M. de Forbin-Janson ; bien plus, il expédie à d'Erlon dont le corps est le plus rapproché de Ligny l'ordre de se mettre en communication avec lui. Et quand la lutte est commencée et qu'il comprend de plus en plus l'importance de la diversion opérée par d'Erlon, il lui dépêche de nouveau le colonel Labédoyère chargé de lui dire de tomber « à bras raccourcis » sur les derrières des Prussiens.

En croira-t-on encore MM. Charras et Quinet, quand ils affirment que Napoléon ne fit rien pour attirer à lui les troupes de d'Erlon ? Il avait si bien donné des ordres, que les soldats, comprenant les avantages de la position qui leur était assignée, et l'immensité des résultats que leur coopération allait produire, battaient des mains et applaudissaient à la prévoyance de l'Empereur. C'est alors qu'arriva l'ordre absolu, impératif du maréchal Ney, qui prescrivait au général d'Erlon de revenir en toute hâte aux Quatre-Bras, s'il ne voulait être cause d'un grand désastre. D'Erlon, effrayé des cris désespérés du maréchal, rétrograda sur-le-champ, malgré l'ordre plusieurs fois renouvelé qu'il avait reçu de Napoléon, et pour la seconde fois laissa échapper la fortune de la France. « Il avait toujours marché, pour n'arriver nulle part, malgré une ardeur sans pareille, rendue stérile par la fatalité qui planait en ce moment sur nos affaires » (1).

Bien qu'au reste le corps de d'Erlon eût fait défaut, Napoléon prouva bien, comme il le dit lui-même, qu'il n'y a pas qu'une manière de gagner une bataille : en faisant percer par la Garde le centre des

____

(1) M. Thiers.

Prussiens, il coupa l'armée ennemie en deux et l'obligea à battre en retraite.

Il était 9 heures du soir quand le canon cessa de se faire entendre. Pourquoi à ce moment ne fit-il pas poursuivre les Prussiens? Pourquoi leur laissa-t-il toute la nuit pour se reconnaître, décamper, et changer leur ligne d'opérations? Pourquoi, au lieu de coucher à Ligny, alla-t-il coucher à Fleurus, en arrière du champ de bataille, d'où il lui fut impossible de rien entendre de la retraite de l'armée prussienne? Et, quand les Prussiens, malgré les grandes fatigues de la journée, montrèrent, dans la nuit du 16 au 17, une si fiévreuse activité, pourquoi les Français furent-ils si calmes et les laissèrent-ils s'échapper sans tirer un coup de fusil? Graves objections, qui s'ajoutent à toutes celles que nous avons déjà essayé de résoudre.

Sans doute, le 16, à 9 heures du soir, Napoléon disposant du corps de Lobau qui n'avait pas donné, pouvait le lancer à la poursuite des Prussiens. Mais eût-il été prudent de se priver des seules troupes fraîches qui lui restaient? Sans compter qu'un retour offensif de Blücher vaincu, mais non découragé ni abattu, était possible, puisqu'il venait d'être renforcé du corps de Bulow comprenant 30,000 hommes, Napoléon était sans nouvelles de Ney ; qu'était-il advenu aux Quatre-Bras ? Ney était-il vainqueur ou vaincu ? « L'empereur ne s'expliquait pas comment le maréchal n'avait pu lui envoyer un détachement, comment surtout d'Erlon, rencontré si près de Ligny, n'était point arrivé. Voilà pourquoi, dans le doute, il s'était arrêté sur ce champ de bataille qu'enveloppait déjà une profonde obscurité, et il avait permis à ses soldats harassés de fatigue, ayant fait 8 ou 10 lieues la veille, 4 ou 5 le matin et s'étant battus en outre toute la journée, de bivouaquer sur le champ de bataille » (1). A 11 heures du soir, au reste, quand, à Fleurus, il apprit que Ney, après avoir lutté toute la journée contre les Anglais, avait réussi à les contenir, rassuré sur sa gauche, il lança sa cavalerie légère un peu reposée sur la trace des Prussiens.

C'est à 11 heures du soir qu'il donna ce dernier ordre ; il était à cheval depuis 5 heures du matin ; la veille, il était debout à 3 heures ; à 9 heures du soir il était descendu de cheval, avait pris quelques mi-

______

(1) M. Thiers.

nutes de repos, et, jeté sur un lit, écoutait des rapports, expédiait des ordres. Debout à minuit pour recevoir le maréchal Ney, il ne se recoucha qu'à deux heures pour se lever définitivement à 5 heures du matin. Atteint dans ce moment d'une indisposition fort incommode, il n'en avait pas moins passé 18 heures à cheval dans la journée du 15 et dans celle du 16. A 5 heures du matin, le 17, Napoléon était debout, prêt à continuer ses opérations et il aurait couru sur le champ aux Anglais pour résoudre la question de vie ou de mort posée entre l'Europe et lui, s'il n'avait été retardé par les trop longues hésitations de Ney. Ce même jour, à 11 heures du soir seulement, au pied de la colline de Mont-Saint-Jean, dans la ferme dite du Caillou, il se jeta sur un lit, après s'être assuré, par une longue reconnaissance exécutée dans l'eau et dans la boue, que Wellington était bien décidé à accepter la bataille ; les Anglais ayant établi leurs bivouacs et allumé leurs feux, « l'horizon, comme l'a écrit si grandement Napoléon, parut un vaste incendie, » et ce spectacle le soulagea d'une partie de ses inquiétudes ; car il en conclut qu'il avait devant lui une armée entière se préparant à une lutte prochaine. Pendant que, dans cette nuit du 17 au 18, tout dormait dans le camp des deux armées, Napoléon, après un court repos, se leva vers deux heures après minuit, ayant toujours la crainte de voir les Anglais se soustraire à son approche pour se réunir aux Prussiens derrière Bruxelles; et malgré la pluie qui tombait de nouveau, bien que la terre fût plus détrempée et la boue plus profonde encore que dans la soirée, il recommença avec deux ou trois officiers la reconnaissance qu'il avait déjà tant prolongée quelques heures auparavant. Il passa le reste de la nuit à étudier la position des deux armées, revenant de temps en temps à la ferme du Caillou pour se sécher auprès d'un grand feu.

Voilà cependant le général d'armée que l'on a représenté comme ayant manqué d'activité dans toute cette campagne, et laissé échapper par fatigue et lassitude les dernières circonstances heureuses que la fortune lui avait réservées; — ainsi, on lui reproche, après cette soudaine irruption du 15, d'avoir permis aux Prussiens déconcertés de respirer et de se concentrer depuis 11 heures du matin jusqu'à 6 heures du soir; on lui demande pourquoi, ayant la journée tout entière du 16 pour battre Blücher, il a ouvert le feu à 2 heures et demie seulement; — on l'accuse de n'avoir pas fait poursuivre à propos l'armée prussienne, de ne s'être pas réuni à temps au maréchal Ney, pour s'attacher à Wellington et lui livrer bataille dans la journée du 17, alors qu'il n'avait pu opérer sa jonction avec Blücher ; — on le rend enfin responsable du désastre de Waterloo, pour avoir commencé l'attaque trois heures trop tard, et pris peu de précautions contre la diversion possible des Prussiens.

Exemple frappant de ce que peut l'esprit de système et le parti pris de tout blâmer chez ses adversaires ! Car, le 15, il n'eût pas été possible à Napoléon de déloger les Prussiens *du ruisseau de Soleilmont*, sans infanterie, et il n'en eut que vers 4 heures du soir. Et le 16, à 10 heures du matin, ne sachant ce qui se passait à son aile gauche, pouvait-il avec 50,000 hommes livrer bataille à 80,000 ? et il n'en eut 64,000 en ligne qu'à 2 heures de l'après-midi. Le même jour, à 9 heures du soir, il ne pouvait pas davantage lancer à la poursuite des Prussiens les seules troupes fraîches qui lui restaient, avant d'avoir reçu des nouvelles de Ney et de savoir s'il avait vaincu ou tout au moins contenu l'armée anglaise. Le temps fut-il perdu dans la matinée du 17 ? Debout à 5 heures du matin et pressé d'en finir avec les Anglais, Napoléon aurait voulu s'élancer à leur suite ; ses généraux lui objectèrent, ce qui était vrai, l'immense fatigue des troupes qui avaient « marché trois jours et combattu deux sans s'arrêter (1). » Forcé d'accorder à ses soldats le temps de « faire leur soupe et de nettoyer leurs armes » (2), il dispose tout cependant pour les mettre successivement en mouvement et les rassembler vers quatre heures du soir en avant de la forêt de Soignes. Ney, le plus avancé, partira le premier et laissera libre l'unique chaussée de Charleroy à Bruxelles ; Lobau, qui n'a pas donné suivra ; viendront seulement alors les troupes qui ont combattu à Ligny et qui auront ainsi gagné quelques heures de repos ; on sera réuni entre trois heures et quatre heures du soir, assez à temps peut-être pour livrer bataille aux Anglais..... Si Ney, toujours hésitant en face de l'armée anglaise, s'ébranle quatre heures trop tard ; si un orage épouvantable, suivie d'une pluie torrentielle, suspend la marche des troupes, la faute en revient-elle à Napoléon?...

Est-on bien fondé aussi à lui faire un crime de n'avoir, le 18, attaqué l'armée anglaise qu'à onze heures du matin? Quand on formule cette accusation, on oublie trop que le terrain était détrempé et défoncé par la pluie, que la cavalerie pouvait difficilement se mouvoir, que les chariots enfonçaient dans la boue et qu'il était presque impossible par

____

(1) M. Thiers.
(2) Id.

conséquent de mettre l'artillerie en position et de la porter sur tous les points du champ de bataille. Drouot, le sage et fidèle Drouot, avait le premier conseillé de différer l'attaque pour donner à la terre humide le temps de sécher et de se raffermir. Il est vrai que le soir, en présence de l'immensité du désastre qui frappait la France, il était inconsolable d'avoir donné ce conseil, et il s'écriait douloureusement que lui seul avait causé ce grand malheur.

La plupart des fautes reprochées à Napoléon, et des accusations contenues dans les livres de MM. Charras et Quinet, reposent donc sur des données incomplètes ou sur une appréciation inexacte et passionnée des choses et des événements. Non, ce n'est pas Napoléon qui a failli à sa fortune ; c'est sa fortune qui l'a abandonné et qui a déjoué toutes ses combinaisons, les meilleures et les plus savantes.

Etudions le dernier acte de ce drame lugubre.

Nous sommes au 18 juin ; le soleil vient de dissiper les nuages qui obscurcissaient l'horizon : c'est un dernier sourire de la fortune ; il sera de peu de durée. Les deux armées immobiles, dans l'attente, sont déployées, les Anglais sur le plateau du Mont-Saint-Jean, les Français, en face, sur le bord du petit vallon qu'ils devront franchir pour aborder les positions de l'ennemi. Onze heures viennent de sonner : l'attaque commence. Une formidable canonnade retentit sur toute l'étendue du champ de bataille, et nos boulets vont faire dans les lignes anglaises des trouées profondes. Pour attirer l'attention sur sa gauche et s'emparer du premier obstacle qui s'oppose à la marche en avant de l'armée française, Napoléon fait attaquer le château de Goumont que défendent quatre compagnies anglaises. Le général Reille est chargé de l'exécution de cet ordre. Il aurait dû démolir ce château à coups de canon et ne pas laisser nos braves fantassins s'exposer au feu d'ennemis retranchés derrière des murailles crénelées et auxquels il leur était difficile de répondre, parce qu'ils ne les apercevaient nulle part. Ce fut là une première faute qui, sans avoir d'influence décisive sur le sort de la journée, priva cependant l'armée d'un corps d'infanterie qui, quelques heures plus tard, aurait été si utile.

Il est une heure, et, tandis que Napoléon, qui a suivi attentivement l'ensemble de la bataille, croit le moment venu d'exécuter l'opération principale qu'il a méditée contre la gauche et le centre de l'armée ennemie, son attention est soudainement attirée sur son extrême droite, dans la direction de la chapelle

Saint-Lambert, où il a vu flotter des ombres incertaines ;.... il ne s'y trompe pas, ce sont des troupes qui se hâtent vers le champ de bataille ; quelles sont-elles ? Est-ce Grouchy, chargé de poursuivre les Prussiens, ou sont-ce les Prussiens eux-mêmes ? Le mystère est bientôt éclairci : un prisonnier prussien, enlevé par la cavalerie légère et porteur d'une lettre de Bulow au duc de Wellington, déclare que les troupes qu'on aperçoit sont les 30,000 soldats de Bulow, envoyés pour se joindre à la gauche de l'armée anglaise. Cette révélation est sérieuse, sans être cependant alarmante. Car si Bulow a pu arriver si près de nous, Grouchy qui a reçu la mission de le suivre et de ne pas le perdre de vue un seul instant, ne peut être loin et s'il arrive, comme c'est probable, le corps de Bulow pris entre deux feux est perdu. En attendant, Napoléon envoie le comte de Lobau choisir sur notre droite un terrain propre à arrêter les Prussiens avec un petit nombre d'hommes et il se hâte de reprendre contre le centre et la gauche de l'armée anglaise sa manœuvre interrompue.

Cette manœuvre consiste à s'emparer d'une ferme appelée la Haye-Sainte et à jeter ensuite toute l'infanterie de notre droite sur la gauche des Anglais pour la refouler sur le centre et s'emparer de la chaussée de Bruxelles qui est l'unique route, en cas de retraite, à travers la forêt de Soignes. Si nous atteignons ce résultat, les Anglais sont coupés des Prussiens et rejetés dans une forêt sans issue, mal percée, où leur retraite peut facilement devenir une déroute. Cette manœuvre si bien conçue échoua par la faute de Ney qui la commandait. Ney, sachant combien est ferme et inébranlable l'infanterie anglaise dans la défensive et pour cela, voulant donner à la sienne plus de consistance, la réunit en colonnes profondes et en forma une espèce de phalange. On conçoit combien il fut difficile à cette masse d'infanterie de se mouvoir sur un terrain accidenté et ravineux, quels ravages dut y causer le canon et quels faciles succès elle offrit à la cavalerie anglaise dont elle ne pouvait repousser les attaques en se formant en carré. Après avoir déployé un rare courage sous les feux croisés des ennemis, elle dut revenir en arrière.

C'était la seconde faute de la journée, et ni celle-ci ni la première n'étaient imputables à Napoléon. La seconde surtout était regrettable parce qu'elle prolongeait la lutte et qu'elle était un demi-succès pour les Anglais.

Pendant ce temps, Grouchy n'avait pas donné signe de vie ; Napoléon commençait à voir « qu'il n'avait compris ni les lieux ni sa mission » (1), et les

(1) M. Thiers.

troupes prussiennes arrivées sur le champ de bataille se trouvaient aux prises avec Lobau qui les avait reçues avec sa vigueur accoutumée. Elles cherchent à nous déborder pour s'emparer de notre ligne de retraite ; mais on peut être rassuré à cet égard et compter sur l'énergie de nos soldats ; à moins d'être accablés par des forces supérieures, ils sauront résister avec une fermeté inébranlable.

Tranquille de ce côté, Napoléon reporte son attention vers le centre de la bataille. Il aperçoit Ney sur le plateau de mont St-Jean, à la tête de 4,000 cavaliers qui font des prodiges de valeur : il s'écrie que cette manœuvre qu'il n'a pas commandée, a lieu une heure trop tôt (1) ; mais forcé de l'appuyer, il envoie les 3,500 cuirassiers de Kellermann soutenir cette attaque intempestive. Il faut renoncer à décrire cette tempête de cavalerie qui pour la seconde fois se déchaîne sur le centre des Anglais ; c'est l'heure la plus émouvante de la journée. Ecoutez ce qu'en dit un poëte qui s'est inspiré de la vue des lieux :

« Ils étaient 3,500 ; c'étaient des hommes géants sur des chevaux colosses ; ils gravirent, à travers un nuage de mitraille crevant sur eux, l'épouvantable pente de boue de mont St-Jean. Ils montaient, gra-

____

(1) Il était quatre heures et demie.

ves, menaçants, imperturbables. Etant deux divisions, ils étaient deux colonnes. On croyait voir de loin s'allonger vers la crête du plateau deux immenses couleuvres d'acier : cela traversa la bataille comme un prodige. Puis ils se ruèrent sur les carrés anglais ; ventre à terre, brides lâchées, sabres aux dents, pistolets au poing : telle fut l'attaque. Toutes les faces des carrés anglais furent attaquées à la fois. Un tournoiement frénétique les enveloppa...... Cette froide infanterie demeura impassible. Le premier rang genou en terre recevait les cuirassiers sur les baïonnettes ; le second rang les fusillait ; derrière le second rang, les canonniers chargeaient les pièces, le front du carré s'ouvrait, laissait passer une éruption de mitraille et se refermait. Les cuirassiers répondaient par l'écrasement. Leurs grands chevaux se cabraient, enjambaient les rangs, sautaient par-dessus les baïonnettes et tombaient gigantesques au milieu de ces quatre murs vivants. Les boulets faisaient des trouées dans les cuirassiers, les cuirassiers faisaient des brèches dans les carrés. Des files d'hommes disparaissaient broyées sous les chevaux. Les carrés, rongés par cette cavalerie forcenée, se rétrécissaient sans broncher. Inépuisables en mitraille, ils faisaient explosion au milieu des assaillants. Ces carrés n'étaient plus des bataillons, c'étaient des cratères ; ces cuirassiers n'étaient plus une cavalerie, c'était une tempête » (1).

C'est Ney qui commande ces charges de cavalerie sans exemple : « tout écumant, ayant perdu son quatrième cheval, sans chapeau, son habit percé de balles, couvert de contusions sans une blessure pénétrante, il ramène jusqu'à onze fois ses cavaliers au combat sans pouvoir dompter la constance d'une infanterie qui, renversée un moment, se relève, se reforme et tire encore » (2). Cependant 10,000 Anglais fantassins et cavaliers jonchent le sol ; presque tous les généraux anglais sont frappés plus ou moins grièvement, et Wellington qui, dans cette journée, montra un courage antique ; Wellington, auquel l'héroïsme de notre cavalerie arracha un cri d'admiration ; Wellington, regardant sa montre, invoque la nuit ou les Prussiens comme son salut ! Que l'infanterie de la Garde vienne appuyer les efforts de Ney et nous sommes vainqueurs, car le centre des Anglais ne peut manquer d'être enfoncé.

Mais à ce moment de nouvelles colonnes prussiennes accouraient sur le champ de bataille et Blücher, arrivé lui-même sur les lieux, faisait exécuter sur notre droite une attaque menaçante ; notre ligne de

(1) Extrait des misérables de Victor Hugo.
(2) M. Thiers.

retraite était gravement compromise et Lobau allait être accablé par des forces supérieures (1).

Si à cet instant Napoléon eut osé faire deux parts de sa garde qui était, il est vrai, sa dernière réserve ; s'il eût envoyé l'une au secours de Lobau et conduit l'autre sur le plateau de mont St-Jean où Ney la réclamait à grands cris pour en finir, c'en était fait de l'armée anglaise. Napoléon n'osa pas risquer cette chance redoutable, et il eut tort. « Le grand joueur » manqua d'audace à ce moment solennel. Il n'y avait plus qu'une chance de vaincre, il ne sut pas s'en saisir ; il ne vit pas assez « qu'il en était arrivé à cette extrémité suprême où la prudence, c'est le désespoir. » (2) Il n'eut pas une de ces illuminations, un de ces éclairs de génie qui, dans des circonstances aussi difficiles, lui avaient valu d'éclatants triomphes ; peut-être espérait-il encore que Grouchy tant attendu arriverait enfin. Quoi qu'il en soit, il ne voulut appuyer Ney qu'après avoir secouru Lobau ; il donna ainsi le temps à un troisième corps prussien d'accourir sur le champ de bataille et de décider la victoire.

Cependant les grenadiers de la vieille garde qu'il envoie sur notre droite pour reconquérir le terrain perdu, arrêtent net les Prussiens et ralentissent leurs

(1) Il était six heures du soir.
(2) M. Thiers.

progrès. Mais lorsque quatre des dix derniers bataillons de cette troupe incomparable parvinrent à sept heures sur le plateau de mont St-Jean, il était trop tard d'une heure. Wellington venait d'apercevoir dans le lointain de nouvelles colonnes prussiennes qui allaient bientôt le rejoindre, et, se sentant soutenu, comprenant d'ailleurs, à la vue des hauts bonnets à poils de la garde, qu'il s'agissait d'un effort suprême, il avait juré de tenir jusqu'à son dernier homme pour donner aux troupes de Ziethen le temps d'arriver. Quel tranquille courage, quelle impassibilité héroïque déployèrent nos grenadiers au milieu des feux convergents de l'armée anglaise!... Ecoutez encore le récit saisissant de cette tardive et infructueuse attaque :

« Les bataillons de la garde s'avançent pour achever, en franchissant le plateau de mont St-Jean, la destruction de l'armée anglaise : Wellington ordonne de briser à coups de canon la terrible colonne. Elle se trouve bientôt à portée : marchant de front, alignés, l'arme au bras, comme dans une revue, nos grenadiers montent lentement les pentes du plateau. Les canons anglais tonnent... Wellington et les officiers qui l'entourent regardent.... La forêt de bonnets à poils qu'ils ont devant eux subit alors, dans sa partie la plus rapprochée, ce mouvement d'ondulation qu'imprime un fort coup de vent aux épis d'un champ de blé. Le balancement s'affaiblit, s'efface ; la colonne se remet en marche ; elle semble moins profonde ; mais le pas des soldats reste aussi ferme, aussi lent ; les fusils sont aussi droits, les files aussi égales, aussi serrées ; on n'entend pas un coup de feu, pas un cri.

Une seconde décharge éclate ;... on a tiré de plus près : l'oscillation est plus prononcée que la première fois ; mais, comme la première fois, les bonnets et les fusils se redressent, se rapprochent. La colonne se meut de nouveau ; elle avance, toujours lente, toujours silencieuse ; son front, aligné comme un mur, ne présente pas un vide : seulement la masse est bien réduite.

La lueur des canons anglais brille une troisième fois : l'état major ennemi, quand la fumée est dissipée, interroge avidement le terrain..... La colonne reparut encore à la même place, muette, immobile.... Bientôt on vit ses débris s'éloigner..... deux bataillons venaient d'être détruits ; les autres se retiraient en frémissant » (1).

C'est à l'instant (2) où Napoléon conduisait en personne les six derniers bataillons de la garde pour

(1) Extrait de Vaulabelle.
(2) Il était huit heures.

rallier ceux qui descendaient lentement les pentes du plateau et tenter encore un nouvel effort contre le centre des Anglais, que le corps de Ziethen fit irruption sur le champ de bataille ; alors notre ligne de bataille commença à flotter et à lacher pied. Tout fut perdu, quand la cavalerie ennemie ne trouvant pas d'obstacle, puisque toute la nôtre avait été engagée, déborda sur le champ de bataille et se mit à tourbillonner autour de notre infanterie épuisée, incapable de faire aucune résistance. Bientôt commença la déroute : il était huit heures et demie du soir.

Qu'était devenu Grouchy pendant cette bataille sanglante? Comment avait-il employé la journée du 17 et surtout celle du 18? Avait-il reçu des instructions précises sur ce qu'il devait faire? Avait-il entendu le canon de Waterloo, et, s'il l'avait entendu, pourquoi n'était-il pas accouru dans cette direction? C'est ce qu'il nous reste à examiner.

Au lendemain de la bataille de Ligny, au moment où Napoléon, partant pour combattre les Anglais, confiait à Grouchy les 35,000 hommes qui composaient son aile droite, quel but pouvait-il avoir? Quel rôle assignait-il à cette aile? La question ainsi posée est facile à résoudre. Puisque les Prussiens étaient battus et en fuite, il fallait les suivre, ne leur laisser aucun repos et les occuper assez pour les empêcher de se réunir aux Anglais que le centre et l'aile gauche de notre armée allaient bientôt rencontrer et combattre. Voilà ce qui était indiqué par la force même des choses, ce que conseillait la plus vulgaire prudence, ce à quoi le dernier des généraux n'aurait pas manqué de penser. Est-il possible d'admettre que Napoléon, donnant à Grouchy 35,000 hommes, ne lui ait pas indiqué cette mission? Il le fit si bien que le 17, à onze heures du matin, avant de le quitter, il lui recommanda de poursuivre les Prussiens à outrance, d'aggraver leur défaite le plus qu'il pourrait, de les contenir s'ils montraient l'intention de revenir sur nous et de manœuvrer de manière à rester constamment en communication avec la grande armée française et toujours entre elle et les Prussiens, Napoléon, montant alors à cheval pour se diriger vers les Quatre-Bras, répéta de nouveau au maréchal : « Poussez vivement Blücher et soyez toujours en communication avec moi par votre gauche. » Telles furent les premières instructions données à Grouchy, renouvelées plusieurs fois par écrit, et rapportées par un témoin oculaire, le général Gérard.

Il ne restait plus au maréchal qu'à chercher la

trace de Blücher : Etait-elle difficile à trouver? Il y avait deux hypothèses à faire : Ou les Prussiens trop maltraités s'étaient enfuis par la route de Namur pour se remettre loin du champ de bataille et se réunir sur le Rhin à l'armée Austro-Russe ; ou bien, obligés de changer leur ligne de communication avec les Anglais, ils pouvaient être tentés de les rejoindre par la route de Vavres en avant ou en arrière de la forêt de Soignes. Dans l'une et l'autre supposition, que fallait-il faire? Il fallait envoyer un détachement de cavalerie sur la route de Namur, un autre sur la route de Vavres en passant par Gembloux, et en quelques heures le mystère de cette retraite était éclairci. Grouchy ne fit que l'une des deux choses; il se mit à courir inconsidéremment dans la direction de Namur où on lui avait appris que sa cavalerie avait ramassé des fuyards et du canon.

Pourtant Napoléon lui fit dire dans l'après-midi que d'après des indices nombreux Blücher paraissait se retirer vers Vavres ; d'un autre côté ses troupes, « battant l'estrade (1) » aperçurent les Prussiens en grand nombre du côté de Gembloux sur la route de Vavres; une demi-lumière se fit alors dans son esprit et il se mit à courir sur Gembloux en or-

______
(1) M. Thiers.

donnant à son infanterie de l'y suivre. Celle-ci arriva dans la soirée ; elle avait fait deux lieues et demie dans la journée ; c'était bien peu, quand on avait reçu l'ordre de poursuivre vivement l'ennemi.

Il est vrai qu'en partant le lendemain 18 à quatre heures, on n'avait que quatre lieues à faire pour être rendu à Vavres, et six pour arriver près de Napoléon. Rien n'était donc compromis et tout était facilement réparable si on employait bien la journée du 18. Car, si, à huit heures du matin, on était à Vavres, on inquiétait les Prussiens, on devinait leurs intentions ; s'ils se retiraient sur Bruxelles, on les faisait suivre par quelque cavalerie et on se reliait à la grande armée qui n'était qu'à quatre lieues de là. S'ils s'arrêtaient à Vavres, en avant de la forêt de Soignes, dans l'intention de se joindre aux Anglais, sur le champ on obliquait à gauche pour se placer entre eux et Napoléon ; on les occupait, on les contenait et, si l'on ne pouvait empêcher leur jonction, qui aurait été du moins retardée, on apportait à Napoléon un secours décisif de 35,000 hommes.

Rien de tout cela ne se fit. Au lieu de partir à quatre heures du matin, les premières troupes ne quittèrent Gembloux qu'à huit heures et les dernières à dix heures. A onze heures elles se trouvaient à Nil-Saint-Vincent ; elles avaient fait trois liéues en trois heures. Etait-ce là poursuivre avec vigueur un ennemi vaincu qu'on avait mission de ne pas perdre de vue, afin de l'empêcher de se jeter sur la grande armée? Ah! combien cet ennemi, poussé par la haine et le ressentiment de nombreuses défaites, déploiera plus d'activité et d'instinct militaire!

Il est 11 heures et demie du matin; Grouchy vient de s'arrêter près de Nil-Saint-Vincent pour déjeûner; plusieurs de ses généraux se trouvent auprès de lui, entre autres Gérard et Vandamne. Tout à coup de fortes détonations se font entendre sur la gauche dans la direction de Mont-Saint-Jean et, de moment en moment, le bruit augmente; il n'y a pas à en douter, cinq cents bouches à feu font trembler le sol : C'est Napoléon qui livre bataille aux Anglais en avant de la forêt de Soignes. Tous les assistants, par **un** mouvement spontané, s'écrient qu'il faut marcher au canon. « Le plus autorisé d'entre eux par son caractère, son coup d'œil militaire et la considération dont il jouit dans l'armée (1) », le général Gérard, dit avec vivacité à Grouchy : « Marchons vers l'Empereur. » Depuis deux jours « il évitait tout entretien avec le maréchal dont les fausses manœuvres l'attristaient et le consternaient. Cependant alors il l'interpelle, il éclate, et pour son éternel hon-

(1) M. Thiers.

neur (1) » il faut conserver le souvenir de cette conversation : « On ne sait pas, dit-il, où sont les Prussiens ; s'ils sont allés dans la direction de Bruxelles, ils ne sont plus à craindre pour la journée ; il faut alors nous réunir à Napoléon pour l'aider à écraser l'armée britannique dénuée d'appui ; s'ils l'ont rejointe en avant de la forêt de Soignes, il importe bien plus de fournir à Napoléon l'appui de l'aile droite pour lui permettre de résister aux deux armées réunies ; dans les deux cas, il faut en hâte courir au canon. » Puis s'animant à chaque détonation nouvelle et voyant Grouchy persister à marcher dans une fausse direction, il s'emporte et il lui dit avec des gestes d'une extrême violence : « Je t'avais bien dit que si nous étions perdus, c'est à toi que nous le devrions (2). » Aucun raisonnement ne put convaincre le maréchal ; tout le monde voyait clair dans la situation, excepté lui-même ; il refusa de se rendre au conseil sage, mais trop vivement donné, du général Gérard.

Rien n'était plus facile cependant que de rejoindre Napoléon ; la distance à franchir était à peine de cinq lieues. Les gens du pays parlaient de trois heures et demie, de quatre au plus pour faire ce trajet ;

(1) M. Edgar Quinet.
(2) M. Thiers.

mettons en cinq ; en partant à midi, nous étions à cinq heures du soir sur le champ de bataille ; c'était le moment où le général prussien Bulow était fortement engagé avec Lobau : nous le prenions à revers, il était écharpé. A six heures, il était encore temps ; à sept heures même, rien n'était décidé. Et si on veut bien se rappeler l'héroïsme de nos soldats pendant cette journée lamentable, se figure-t-on l'effet qu'eût produit sur eux l'apparition de Grouchy, l'effet aussi qu'elle eût produit sur les Anglais exténués par nos gigantesques charges de cavalerie, et quelle force on aurait trouvée dans les derniers bataillons de la garde, devenus disponibles et jetés tous ensemble sur les restes haletants de l'armée britannique ?

« Deux fois dans cette journée du 18, on aurait pu sauver la France ; une première fois en partant à quatre heures du matin de Gembloux, ce qui nous eût forcés de voir et de suivre les mouvements des Prussiens ; une seconde fois, en prenant, à midi, le parti de marcher au canon (1) ; » ce qui nous permettait d'arriver vers cinq heures sur les derrières de Bulow et de jeter une grande perturbation dans toute l'armée prussienne : Chaque fois Grouchy avait fermé les yeux à l'évidence. Il était manifeste

(1) M. Thiers.

que la Providence était contre nous et qu'elle avait choisi le commandant de notre aile droite pour consommer le désastre de Waterloo.

« Journée incompréhensible ! s'écriait Napoléon dans sa prison de Sainte-Hélène un an plus tard, le 18 juin 1816, concours de fatalités inouïes !... Ney... d'Erlon... Grouchy... Y a-t-il eu trahison ? N'y a-t-il eu que malheur ? Ah ! pauvre France ! Et pourtant tout ce qui tenait à l'habileté y avait été accompli !... Tout n'a manqué, que quand tout avait réussi !... Singulière campagne, où dans moins d'une semaine j'ai vu trois fois s'échapper de mes mains le triomphe assuré de la France ! Sans la désertion d'un traître, j'anéantissais les ennemis en ouvrant la campagne ; je les écrasais à Ligny si la gauche eût fait son devoir, je les écrasais encore à Waterloo si ma droite ne m'eût pas manqué. Singulière défaite, où, malgré la plus horrible catastrophe, la gloire du vaincu n'a pas souffert, ni celle du vainqueur augmenté (1). La mémoire de l'un survivra à sa destruction, la mémoire de l'autre s'ensevelira peut-être dans son triomphe. »

____

(1) Il y aurait beaucoup à redire sur le choix fait par Wellington du plateau de Mont-Saint-Jean comme champ de bataille, ce plateau étant adossé à une forêt qui était un véritable défilé.

Sans parler de la défection de Bourmont, il y a eu trois malheurs irréparables dans cette campagne : le premier c'est l'hésitation de Ney qui, le 15 au soir, et, le 16, dans la matinée, néglige de s'emparer des Quatre-Bras, quand il n'a devant lui que des forces insignifiantes; lorsqu'il se décide à attaquer, il n'est plus temps; il trouve devant lui une armée, d'abord égale à la sienne et qui de minute en minute lui devient supérieure. Ainsi est manquée la grande combinaison de Napoléon qui consistait à rabattre une partie des forces du maréchal Ney sur le champ de bataille de Ligny.

Pourtant cette manœuvre pouvait encore se réaliser, si Ney, même après son attaque tardive, comprenant enfin que l'action principale n'était pas aux Quatre-Bras, mais à Ligny et sachant dès lors se réduire à une défensive imposante, comme il le fit quelques heures plus tard avec un héroïque courage, laissait, vers cinq heures du soir, le corps de d'Erlon obéir à l'ordre impérial et prendre à dos les Prussiens déjà vaincus, dans les rangs desquels notre artillerie avait fait d'incroyables ravages.

Il n'en fut rien. Ney réclama impérieusement le concours de d'Erlon, son subordonné, qui eut le tort d'obéir et qui, n'ayant été d'aucune utilité à

Ligny, arriva trop tard aux Quatre-Bras, quand la bataille avait cessé.

Ce fut la seconde fatalité de la campagne.

L'aveuglement de Grouchy, ses fausses manœuvres, qui longtemps l'ont fait accuser de trahison, son obstination à ne pas vouloir obéir à cette loi si simple, si facile, si essentiellement militaire, qui s'appelle : « Marcher au canon, » Voilà la dernière et de beaucoup la plus déplorable fatalité.

Si on se rappelle les instructions verbales données, le 17 à Grouchy par Napoléon, renouvelées dans cette même journée et dans celle du lendemain, et qui ressortaient tellement de la situation qu'il n'y en avait pas d'autres à fournir, on se demande comment il arriva que Grouchy, qui n'avait jamais perdu la tête, la perdit justement ce jour là. Et si l'on songe que c'est pour avoir trop compté sur son arrivée que Napoléon commit la faute de ne pas surveiller les bois et le défilé de Lasnes qu'il aurait pu longtemps défendre et par lesquels les Prussiens débouchèrent sur le flanc droit de l'armée française ; si l'on pense que, vers deux heures de l'après-midi, la simple apparition des flanqueurs de Grouchy, sur sa gauche, porta un trouble réel, profond dans les dispositions de l'armée prussienne, rendit ses mouvements incertains, et sa marche désunie,.... le cœur est rempli de tristesse à la pensée de toutes les chances de succès que nous avions et qui ont tourné contre nous.

Qui pourrait dire ce qui serait advenu si Napoléon, comme aux beaux jours de sa vie, avait vu réussir les savantes combinaisons qu'une étude approfondie de la carte lui avait permis d'imaginer? Supposons que Ney, le 15 au soir, se soit installé fortement aux Quatre-Bras avec ses 45,000 hommes. Il rendait plus long et plus difficile le ralliement des forces anglaises et leur jonction avec l'armée prussienne ; il trouvait peut-être la possibilité de battre les corps cantonnés à Ath et Nivelles ; mais surtout il pouvait détacher 20,000 hommes pour aller à Ligny, prendre à revers les Prussiens déjà ébranlés par les coups de Napoléon. Or, si à six heures du soir, 20,000 hommes de troupes fraîches étaient arrivés sur le champ de bataille de Ligny, c'en était fait de l'armée prussienne. Cette armée, une des grandes armées de la coalition, était perdue, anéantie. Nous ramassions 30 à 40,000 prisonniers : le reste était mort, mourant ou dispersé.

Voyez maintenant les 100,000 soldats victorieux de Napoléon, enivrés de leur victoire de la veille, se retourner contre l'armée anglaise, imparfaitement concentrée et à peine remise de la surprise que lui a causée l'irruption subite des Français au milieu de ses cantonnements. Sans nul doute, cette armée, la seconde grande armée de la coalition, succombait, malgré tous les talents militaires de son général en chef et la force de la position qu'elle occupait à Waterloo.

Mais même acceptons les faits comme ils se sont passés réellement jusqu'au 18 juin, c'est-à-dire jusqu'au jour de la lutte avec l'armée anglo-belge; acceptons le combat de Ligny avec ses résultats incomplets et la concentration rapide de l'armée anglaise qui, des Quatre-Bras, se retire en ordre sur le plateau de Mont-Saint-Jean, dans une position connue, préparée, étudiée à l'avance; supposons seulement que Grouchy, comprenant mieux ses instructions, se soit résolument attaché aux Prussiens pour les empêcher d'arriver sur le champ de bataille; ou que, n'ayant pu faire obstacle à leur réunion avec les Anglais, il soit accouru de Nil-Saint-Vincent, au bruit du canon qui se faisait entendre. Il était à Waterloo à cinq heures du soir, alors que rien n'était décidé, que même nous avions toutes les raisons d'espérer la victoire; il inquiétait les Prussiens pris entre deux feux et il arrêtait sûrement leur irruption sur notre flanc droit. Pendant ce temps-là Napoléon enfonçait le centre des Anglais, coupait leur armée en deux, la rejetait épuisée dans la forêt de Soignes où, pour fuir, elle n'avait aucune issue ; vainqueur de Wellington, il se retournait le soir même ou le lendemain contre Blücher pour en finir une dernière fois avec lui.

Voilà les miracles qu'eût opérés l'intervention de Grouchy sur le champ de bataille.

Et, les Prussiens détruits, les Anglais anéantis, s'est-on demandé ce que serait devenue la coalition, cette formidable coalition qui avait juré de ne poser les armes qu'après avoir vaincu la France et renversé le grand homme qui la dirigeait ?

J'ai entendu dire souvent que, vainqueurs à Waterloo, nous n'en restions pas moins avec l'Europe sur les bras. La France, ajoute-t-on, était fatiguée du despotisme impérial et avait livré son dernier argent et son dernier soldat..... Oui, sans doute, elle redoutait la main puissante, qui pendant de longues années, l'avait courbée sous un joug de fer ; mais, sans compter que l'*acte additionnel* indiquait un retour, que je crois sincère, à des idées plus libérales, la France redoutait bien davantage les malheurs d'une seconde invasion, et, puisqu'elle s'était rendue complice du retour de l'île d'Elbe en accueillant avec transport l'illustre fugitif, elle était résolue aux plus grands sacrifices pour le soutenir contre les puissances coalisées. Si des milliers de ses enfants couvraient tous les champs de bataille de l'Europe, il lui restait cependant les gardes nationales, les anciens militaires, la conscription de 1815, et, par-dessus tout, il lui restait son patriotisme toujours jeune et ardent. C'étaient là, après des succès décisifs en Belgique, de puissants moyens de vaincre et d'arrêter de nouveaux ennemis. Car Napoléon, débarrassé des Anglais et des Prussiens, revenait vers le Rhin et les Alpes avec ses soldats victorieux ; en route il était rejoint par 100,000 hommes dont la plupart avaient déjà servi ; il trouvait d'ailleurs nos affaires en bon état de Strasbourg à Genève, le long de notre frontière orientale ; et avec 200,000 soldats incomparables, avec le prestige de deux victoires éclatantes, il n'aurait pas jeté dans le Rhin l'armée Austro-Russe, si elle avait eu la tentation de le franchir ! Oui, cette superbe coalition, il l'aurait amenée à composition et il aurait sûrement sauvé la France et peut-être aussi son empire.

Ce n'est pas un sentiment de patriotisme exagéré, qui me fait tenir ce langage ; c'est la certitude que l'armée anglaise et l'armée prussienne détruites, les puissances alliées si altières dans leur union, allaient cependant commencer à réfléchir , parce qu'elles auraient perdu la meilleure partie de leurs forces ; c'est une étude sérieuse des ressources dont la France épuisée disposait encore ; c'est aussi la pensée que nos succès en Belgique auraient communiqué à la nation un élan irrésistible et l'aurait ralliée presque tout entière, malgré les fautes qu'il avait commises, autour de l'exilé de l'île d'Elbe.